Giorgio La Marca

Scrittura creativa

Viaggio nell'immaginazione

a cura del
Maestro Teo

Scrittura creativa
Viaggio nell'immaginazione

Autore: Giorgio La Marca
Editing: Teresa Esposito

Progetto grafico e impaginazione:
Ass. Culturale Passeggeri del Tempo

Associazione Culturale
Passeggeri del Tempo
tel. 366.26.53.522
associazionepasseggerideltempo@gmail.com
passeggerideltempo@pec.net
www.passeggerideltempo.it

Introduzione

Benvenuto in questa nostra avventura intitolata: "Scrittura Creativa: Viaggio nell'Immaginazione" un libro pensato per guidare i giovani autori attraverso le meraviglie della creatività e dell'espressione personale.

L'obiettivo di questo libro è di ispirare e coltivare l'amore per la scrittura in modo divertente e coinvolgente.

In queste pagine scopriremo il potere delle parole, impareremo a dare vita a mondi fantastici e svilupperemo abilità linguistiche in modo giocoso.

Ogni esercizio è pensato e progettato con cura per stimolare l'immaginazione, esplorando nuovi orizzonti letterari e scoprendo il piacere della creazione.

Dal racconto di avventure incredibili ai personaggi stravaganti e ai luoghi magici, questo libro offre una varietà di attività coinvolgenti che metteranno alla prova la creatività in un viaggio emozionante nel mondo della scrittura. Attraverso storie a catena, personaggi unici, e invenzioni straordinarie, esploreremo le profondità della fantasia e dell'immaginazione.

L'arte della scrittura è una competenza che va al di là della sola composizione di parole; è un veicolo attraverso il quale i pensieri e i sogni prendono vita.

Con "Scrittura Creativa: Viaggio nell'Immaginazione", invitiamo i giovani autori ad abbracciare la magia delle parole e a trasformare la loro creatività in storie uniche condivise con il mondo.

Ci auguriamo che questo libro sia uno stimolo per la fantasia di quanti viaggeranno con noi e un trampolino di lancio per l nascita di storie straordinarie!

Buon viaggio nell'universo della scrittura creativa!

Esercizio 1:

Storie a Catena

Obiettivo:

Collaborare alla creazione di storie uniche e sorprendenti, stimolando l'immaginazione e la creatività dei ragazzi.

Istruzioni:

Inizio della storia

Ogni studente inizia scrivendo una frase accattivante o un'apertura intrigante per una storia. Questa frase dovrebbe catturare l'attenzione e generare interesse.

Esempio: "In una piccola città nascosta tra le nuvole, viveva un gatto parlante chiamato Whiskers, il cui pelo brillava di colori magici al tramonto."

Passaggio della storia

Dopo aver scritto la frase iniziale, gli studenti piegano il foglio in modo che solo l'ultima parte della loro frase sia visibile, nascondendo il resto della storia. Passano il foglio al compagno di sinistra.

Esempio (continuo): "Il gatto Whiskers aveva un segreto straordinario: poteva viaggiare attraverso dimensioni parallele con un solo battito di coda."

Continuo della storia

Ogni studente riceve ora il foglio del compagno e continua la storia basandosi sulla frase appena letta. Devono cercare di mantenere la coerenza e l'interesse nella trama.

Esempio (continuo): "Un giorno, durante uno di questi viaggi, Whiskers si imbatté in un mondo abitato da creature di gelato e alberi di cioccolato. Era un luogo magico e goloso."

Ripetizione del processo

Dopo un tempo prestabilito (ad esempio, 5-10 minuti), i fogli vengono nuovamente piegati in modo che solo l'ultima parte della storia sia visibile, e i fogli vengono passati al compagno di sinistra. Il processo continua fino a quando ogni studente ha contribuito a diverse storie.

Consigli per l'insegnante:

- Incoraggia gli studenti a essere creativi e a pensare fuori dagli schemi.

- Sottolinea l'importanza di mantenere la coerenza nella storia, ma permetti anche spazi per le sorprese creative.

- Alla fine, ogni gruppo può leggere la storia completa e godersi le connessioni inaspettate e le trame avvincenti che hanno creato insieme.

- Questo esercizio non solo migliora le capacità narrative, ma anche la capacità di adattarsi alle idee degli altri e di lavorare in gruppo.

Buona scrittura a tutti!

Il Mistero della Città Nascosta

Nella piccola città di Arcobaleno, nascosta tra le nuvole, succedevano cose straordinarie ogni giorno. Gli abitanti di Arcobaleno avevano un segreto, un segreto magico che rendeva la loro vita un'avventura continua.

In questa città vivace, un gatto parlante chiamato Whiskers era il custode di un antico portale magico. Il pelo di Whiskers brillava di colori magici al tramonto, rivelando il suo ruolo speciale nel tessuto della realtà. Con un solo battito di coda, poteva aprire varchi attraverso dimensioni parallele.

Un giorno, durante uno di questi viaggi magici, Whiskers si ritrovò in un mondo incredibile, un luogo abitato da creature di gelato e alberi di cioccolato. Era un regno goloso e meraviglioso, dove ogni passo portava a una nuova delizia.

Tuttavia, il mondo goloso nascondeva un mistero. Un'enorme montagna di zucchero a forma di spirale si ergeva al centro del regno, emanando una luce luccicante. Whiskers, incuriosito, decise di esplorare la montagna e scoprire il segreto che si nascondeva dietro.

Mentre Whiskers saliva la montagna di zucchero, vide un varco che lo condusse in un luogo ancora più straordinario. Una città di cristallo sospesa nell'aria, popolata da farfalle luminose e pesci volanti. Questa città si chiamava Arcadia, e Whiskers capì che era collegata in qualche modo al suo mondo.

E così, il mistero della città nascosta si svelò lentamente. Gli abitanti di Arcadia avevano bisogno dell'aiuto di Whiskers per risolvere un antico enigma che avrebbe salvato entrambi i mondi dalla scomparsa.

11

Inizia qui la storia di Whiskers e del suo viaggio attraverso mondi incantati. Cosa accadrà a Whiskers? Chi sono gli abitanti di Arcadia? Solo la penna e l'immaginazione dei giovani scrittori possono decidere il destino di questo avvincente racconto!

Esercizio 2:

Personaggi strani

Obiettivo:

Creare personaggi unici e stravaganti che possano essere protagonisti di storie avvincenti.

Istruzioni:

Invenzione del personaggio

Chiedi agli studenti di inventare un personaggio strano o fantastico. Può essere un animale parlante, un essere extraterrestre, o qualsiasi altra creatura unica.

Esempio: "Immagina un elefante che ama nuotare nell'oceano e che indossa occhiali da sole colorati tutto l'anno."

Caratteristiche del personaggio:

Ogni studente deve descrivere il proprio personaggio specificando aspetti come l'aspetto fisico, la personalità, i gusti e le abitudini stravaganti.

Esempio: "Il nostro elefante si chiama Tronky, ha la pelle viola e rosa, un cappello a punta sulle orecchie e ama raccogliere conchiglie colorate sulla spiaggia."

Creazione di una storia:

Ora, chiedi agli studenti di scrivere una breve storia che ha come protagonista il personaggio strano che hanno creato. La storia dovrebbe evidenziare le caratteristiche uniche del personaggio e coinvolgere il lettore.

Esempio: "Un giorno, Tronky decise di organizzare una festa sulla spiaggia per tutti gli animali dell'oceano. Indossò i suoi occhiali da sole preferiti e cominciò a decorare la spiaggia con le conchiglie che aveva raccolto. Ma qualcosa di magico accadde quando Tronky iniziò a suonare la sua tromba fatta di conchiglie..."

Consigli per l'insegnante:

- Incoraggia gli studenti a essere creativi e a spingersi al di là delle aspettative normali.
- Fai domande stimolanti per aiutarli a sviluppare ulteriormente il loro personaggio.
- Dopo la scrittura, potresti incoraggiare gli studenti a disegnare il loro personaggio per aggiungere un elemento visivo alla loro creazione.
- Esempio di Discussione:
  Discussione in classe: Chiedi agli studenti di condividere le caratteristiche dei loro

personaggi e di leggere le parti più divertenti o interessanti delle loro storie. Ciò può incoraggiare la collaborazione e ispirare ulteriori sviluppi narrativi.

- Questo esercizio non solo sviluppa le abilità descrittive degli studenti, ma li incoraggia anche a pensare in modo creativo su come un personaggio strano può diventare il protagonista di una storia indimenticabile.

Buon divertimento nella creazione dei personaggi strani!

Il giorno delle
creature stravaganti

In una piccola cittadina chiamata Fantasia, succedeva qualcosa di straordinario ogni anno: il Giorno delle Creature Stravaganti. In questo giorno speciale, creature uniche e sorprendenti provenienti da ogni angolo del mondo si radunavano per una festa indimenticabile.

Tra le tante creature eccentriche, c'era un elefante chiamato Tronky. La particolarità di Tronky era il suo amore per il mare e la sua passione per nuotare. Indossava occhiali da sole colorati tutto l'anno e portava sempre con sé una tromba fatta di conchiglie che suonava per annunciare il suo arrivo.

Un giorno, Tronky decise di organizzare una festa sulla spiaggia per tutti gli animali dell'oceano. Vestì il suo costume più sgargiante e iniziò a decorare la spiaggia con le conchiglie che aveva raccolto durante le sue avventure sottomarine.

Mentre Tronky sistemava le ultime conchiglie, sentì un suono misterioso provenire dal mare. Era una voce melodiosa di una sirena di nome Marina, che era affascinata dalla festa di Tronky. Le creature marine si unirono alla celebrazione, ballando tra le onde e condividendo storie magiche.

Ma il momento più magico arrivò quando Tronky, con la sua tromba di conchiglie, iniziò a suonare una melodia che risuonò attraverso l'oceano. Le onde si illuminarono di colori vivaci, e una stella marina luminosa iniziò a danzare nel cielo notturno.

Il Giorno delle Creature Stravaganti si concluse con un'esplosione di fuochi d'artificio fatte di schizzi d'acqua e risate festose. Tronky e le altre creature stravaganti realizzarono che la diversità e la stranezza erano le cose che rendevano il mondo così straordinario.

E così, ogni anno, il Giorno delle Creature Stravaganti divenne un'occasione per celebrare la magia della diversità e l'importanza di essere unici. E mentre Tronky nuotava verso il tramonto, sapeva che le storie incredibili delle creature stravaganti continuerebbero a ispirare e incantare Fantasia per sempre.

Questa storia può fungere da stimolo per gli studenti, introducendo loro il concetto di creature stravaganti e preparandoli per l'esercizio successivo di creazione dei loro personaggi unici. Buon divertimento nella scrittura delle storie stravaganti!

Esercizio 3:

Cartoline dal Futuro

Obiettivo:

Immaginare e descrivere il proprio futuro attraverso cartoline inviate dal sé futuro.

Istruzioni:

Immaginazione del Futuro

Chiedi agli studenti di immaginare come saranno le loro vite in un futuro lontano, ad esempio, quando saranno adulti.

Esempio: "Immagina di avere 25 anni. Che lavoro fai? Dove vivi? Cosa fai nel tuo tempo libero?"

Scrittura della Cartolina

Ogni studente deve scrivere una "cartolina dal futuro" a sé stesso, descrivendo il futuro immaginato in modo dettagliato.

Esempio: "Caro [Nome], Sono il tuo io di 25 anni nel futuro! Attualmente, lavoro come astronauta e vivo su Marte. Ogni giorno esploro nuovi territori spaziali e raccolgo rocce marziane come ricordo. Nel mio tempo libero, coltivo piante aliene nel mio giardino spaziale e faccio jogging gravitazionale."

Dettagli e Immagini

Incoraggia gli studenti a includere dettagli specifici come il lavoro svolto, il luogo di residenza, le attività quotidiane, gli hobby e le relazioni. Possono anche aggiungere illustrazioni o disegni per rendere la cartolina più vivida.

21

Esempio: "Nel mio armadio spaziale, ho tute extra-terrestri colorate e stivali antigravitazionali. Le strade di Marte sono illuminate da luci fluorescenti e il cielo è sempre rosato. Ogni sabato, organizzo una cena con gli amici marziani nella mia cupola abitativa."

Condivisione delle Cartoline

Dopo aver scritto le cartoline, gli studenti possono condividere le loro visioni del futuro con i compagni di classe. Questo può essere fatto attraverso la lettura ad alta voce o mostrando le illustrazioni.

Consigli per l'insegnante:

- Incoraggia gli studenti a pensare in modo creativo e a esplorare possibilità al di là delle aspettative quotidiane. Puoi organizzare una discussione in classe in cui gli studenti condividono le loro visioni del futuro e commentano le idee degli altri.

- Sottolinea che questo esercizio è un modo divertente per esplorare i sogni e le aspirazioni, anche se il futuro reale potrebbe essere diverso.

- Esempio di Discussione:
Durante la discussione in classe, gli studenti possono condividere le loro cartoline dal futuro e discutere delle similitudini e delle differenze tra le loro visioni individuali.

Questo esercizio non solo sviluppa la creatività degli studenti, ma li incoraggia a riflettere sulle loro aspirazioni e ad esplorare immaginari futuri.

Buona scrittura delle cartoline dal futuro!

Il Mistero delle Cartoline dal Futuro

Un giorno, nella tranquilla cittadina di Prospettiva, qualcosa di straordinario accadde. Ogni abitante di Prospettiva ricevette una misteriosa cartolina postale, indirizzata a sé stesso, ma con un particolare diverso: la data di spedizione era il loro ventesimo compleanno.

Le cartoline erano stranamente dettagliate e descrivevano il futuro di chi le riceveva con sorprendente precisione. C'era Maria, la giovane artista, che ricevette una cartolina che parlava del suo successo in una mostra d'arte internazionale. Poi c'era Luca, il curioso scienziato, che lesse sul suo futuro lavoro alla scoperta di pianeti lontani.

Tutti nella cittadina di Prospettiva erano entusiasti e increduli di fronte a queste profezie personali. Le cartoline suscitarono domande e curiosità, dando vita a conversazioni animatissime nei caffè e nelle piazze.

I ragazzi della scuola di Prospettiva furono particolarmente eccitati. Le loro menti già ferventi di immaginazione si spinsero oltre, e presto il tema delle "Cartoline dal Futuro" divenne un'ossessione collettiva. Gli studenti iniziarono a confrontarsi, scambiarsi dettagli sulle loro cartoline e fantasticare sulle vite future che li attendevano.

Mentre il buzz cresceva, la scuola decise di organizzare un progetto speciale: un'esplorazione condivisa delle "Cartoline dal Futuro". Ogni studente avrebbe scritto la sua cartolina dal futuro, immaginando il proprio destino al compimento dei vent'anni.

Sarebbe stata un'occasione unica per esplorare i propri sogni, le aspirazioni e i desideri più profondi. La scuola stava per diventare il punto di partenza di viaggi straordinari, guidati dalla penna e dalla fantasia.

E così, mentre Prospettiva si preparava per questa avventura letteraria, il mistero delle cartoline dal futuro divenne il catalizzatore di storie entusiasmanti e di scoperte personali. Chi avrebbe mai pensato che le parole scritte su una cartolina potessero aprire finestre su mondi futuri così luminosi e avvincenti?

Questa storia può servire da ispirazione per gli studenti prima di iniziare l'esercizio sulle "Cartoline dal Futuro". Buona scrittura!

Esercizio 4:

Scatola dei Misteri

Obiettivo:

Stimolare la creatività degli studenti attraverso l'esplorazione di oggetti misteriosi contenuti in una scatola.

Istruzioni:

Preparazione della Scatola dei Misteri

Raccogli una varietà di oggetti misteriosi e intriganti (ad esempio, una penna antica, una chiave arrugginita, una conchiglia, un orologio da tasca, ecc.). Metti questi oggetti in una scatola.

Esempio di oggetti:

Una vecchia chiave arrugginita

Una mappa disegnata a mano

Un foglio di pergamena con una scritta indecifrabile

Una candela colorata

Una piuma colorata

Scelta dell'Oggetto

Ogni studente estrae un oggetto a caso dalla Scatola dei Misteri. Questo oggetto diventerà il punto di partenza per la loro storia.

Esempio: Uno studente estrae una penna antica.

Esplorazione dell'Oggetto

Chiedi agli studenti di esaminare l'oggetto in modo approfondito. Scrivere alcune parole chiave o descrizioni dettagliate sull'oggetto può aiutare a generare idee.

Esempio: La penna antica ha un'incisione intricata sul fusto e sembra emanare un'aura di mistero.

Scrittura della Storia

Ogni studente deve scrivere una storia che coinvolge l'oggetto estratto. L'oggetto può essere il protagonista della storia o svolgere un ruolo significativo nella trama.

Esempio: La penna antica è in realtà una chiave magica per un mondo segreto di creature fatate. Chi la possiede può aprire portali tra il nostro mondo e quello incantato.

Condivisione delle Storie

Alla fine dell'esercizio, gli studenti possono condividere le loro storie con i compagni di classe.

Possono anche mostrare l'oggetto estratto e spiegare come ha ispirato la loro storia.

Consigli per l'insegnante

- Incoraggia gli studenti a utilizzare tutti i loro sensi per esplorare l'oggetto e a pensare in modo creativo sul suo possibile significato.
- Puoi incoraggiare la discussione in classe sulla varietà di storie create a partire dagli stessi oggetti.
- Esempio di Discussione:
  Durante la discussione in classe, chiedi agli studenti di condividere le loro esperienze nell'esplorare l'oggetto misterioso e come questo ha influenzato le loro storie. Le diverse interpretazioni possono portare a conversazioni stimolanti sulla creatività e l'immaginazione.

Questo esercizio stimola la creatività e incoraggia gli studenti a trovare storie intriganti anche in oggetti apparentemente comuni.

Buona esplorazione della Scatola dei Misteri!

La Scatola del Mistero nella Vecchia Libreria

Nel cuore della tranquilla cittadina di Incanto, proprio accanto alla piazza principale, c'era una libreria misteriosa e affascinante chiamata "Libreria delle Storie Incantate". Era un luogo che emanava un'aura di mistero e avventura, e i suoi scaffali contenevano libri antichi e tomi polverosi che sembravano custodire segreti magici.

Un giorno, durante la pausa scolastica, un gruppo di giovani studenti decise di esplorare questa libreria leggendaria. Mentre curiosavano tra gli scaffali, uno di loro, una ragazza chiamata Sofia, scoprì una vecchia scatola di legno posata su uno scaffale polveroso e trascurato.

La scatola era modesta, ma l'atmosfera che la circondava era tutt'altro che ordinaria. Aveva

un'etichetta che diceva "La Scatola del Mistero". Sofia, attratta dalla curiosità, aprì lentamente il coper-
chio per svelare una serie di oggetti strani e affascinanti: una penna antica, una chiave arrugginita, una
mappa disegnata a mano, una candela colorata e una
conchiglia dalle sfumature iridescenti.

Il negozio era silenzioso mentre Sofia esaminava
con attenzione ogni oggetto. Improvvisamente,
l'anziano bibliotecario, il signor Alarico, comparve
dietro di lei con uno sguardo sagace. "Ah, la Scatola
del Mistero!" disse con un sorriso gentile. "Ogni oggetto qui dentro ha una storia da raccontare. Scegli
uno, e la tua avventura inizierà."

Sofia, affascinata dalle potenzialità degli oggetti,
estrasse la penna antica. I suoi occhi brillarono di
emozione mentre immaginava le infinite possibilità
legate a quella penna dall'aspetto magico.

Il signor Alarico le sussurrò: "Ricorda, la magia è nelle storie che creiamo."

Con la penna antica in mano, Sofia si unì agli altri studenti e insieme iniziarono a scrivere storie incantevoli ispirate dagli oggetti misteriosi della Scatola del Mistero. La libreria si riempì di risate, sospiri di meraviglia e il suono delicato della penna che danzava sulla carta.

E così, la Libreria delle Storie Incantate diventò il palcoscenico di avventure straordinarie, grazie a una semplice scatola di legno che aveva risvegliato l'immaginazione di chiunque l'avesse aperta.

Con questa storia introduttiva, gli studenti possono sentirsi ispirati a intraprendere il loro viaggio creativo con la Scatola del Mistero. Buona scrittura e scoperta delle storie nascoste!

Esercizio 5:

Invenzioni fantastiche

Obiettivo:

Sviluppare la creatività inventando dispositivi fantastici e spiegando il loro funzionamento.

Istruzioni:

Introduzione alle Invenzioni Fantastiche

Inizia spiegando agli studenti che saranno inventori straordinari e dovranno ideare dispositivi fantastici che non esistono nel mondo reale.

Estrazione di Parole Chiave

Chiedi agli studenti di estrarre casualmente alcune parole chiave da una lista prestabilita (es. macchina del tempo, scarpe volanti, pennarello magico, ecc.).

Esempio di parole chiave:

Macchina del tempo

Ombrello sonoro

Candela luminosa

Scarpe volanti

Pennarello magico

Sviluppo dell'Invenzione

Ogni studente deve scegliere almeno tre parole chiave estratte e utilizzarle come ispirazione per inventare un dispositivo fantastico. Devono spiegare come funziona e quali scopi può avere.

Esempio:

Invenzione: "Ombrello Sonoro"

Spiegazione: "L'Ombrello Sonoro è un dispositivo magico che crea una pioggia di note musicali ogni volta che lo si apre. Le sue dimensioni cambiano a

seconda del tipo di melodia desiderato, e puoi persino comporre la tua musica selezionando la dire-
zione e l'intensità del vento musicale."

Descrizione Dettagliata

Gli studenti devono fornire una descrizione dettagliata delle caratteristiche del loro dispositivo, come
aspetto, materiali utilizzati e possibili effetti collate-
rali (se ce ne sono).

Esempio di Descrizione:
"L'Ombrello Sonoro ha una tela iridescente che si
illumina con colori vivaci quando è in azione. Le
aste sono fatte di una lega leggera di note musicali,
e il manico è intarsiato con simboli musicali incantati. Può essere utilizzato sia sotto la pioggia che
sotto il sole, regalando a chi lo possiede una melodia
personalizzata per ogni momento."

Condivisione delle Invenzioni

Alla fine dell'esercizio, gli studenti possono condividere le loro invenzioni con la classe, spiegando le caratteristiche uniche dei loro dispositivi fantastici.

Consigli per l'insegnante:

- Incoraggia gli studenti a pensare in modo creativo e a sperimentare con combinazioni di parole chiave.

- Puoi organizzare una "Fiera delle Invenzioni Fantastiche" in classe, dove gli studenti presentano le loro invenzioni in modo più interattivo.

- Invita gli studenti a immaginare le possibili conseguenze positive e negative delle loro invenzioni.

- Esempio di Discussione:

Durante la discussione in classe, gli studenti possono condividere le loro invenzioni fantastiche e discutere delle diverse soluzioni creative adottate. Questo può portare a conversazioni divertenti e stimolanti sulla fantasia e l'innovazione.

Questo esercizio offre agli studenti l'opportunità di esplorare la loro immaginazione e di creare invenzioni uniche.

Buona inventiva!

La Fiera delle
Invenzioni Straordinarie

Nella città di Meraviglia, una volta all'anno, si teneva la Fiera delle Invenzioni Straordinarie, un evento magico che riuniva gli inventori più creativi e curiosi della regione. Gli stand erano colmi di strani dispositivi e invenzioni incredibili, ognuna con la promessa di portare un tocco di meraviglia nella vita quotidiana.

Quest'anno, un gruppo di giovani inventori della Scuola di Fantasia di Meraviglia decise di partecipare alla fiera con le loro creazioni uniche. Ogni studente aveva lavorato duramente per mettere a punto un dispositivo fantastico e sperava di conquistare il premio per l'invenzione più straordinaria.

In particolare, c'era una studentessa chiamata Emma, che aveva un'idea brillante ispirata da una combinazione di parole chiave: "Scarpe Volanti" e "Pennarello Magico". La sua invenzione, denominata "VolaPenne", prometteva di trasformare il camminare in un'esperienza magica.

Tutto iniziò quando Emma trovò una vecchia penna magica e un paio di scarpe robuste nella soffitta di sua nonna. L'idea le venne improvvisa: perché non combinare questi oggetti in qualcosa di straordinario?

La sera prima della fiera, Emma si immerse nel lavoro. Usò il pennarello magico per dipingere eleganti ali d'argento sulle scarpe, assicurandosi che ogni tratto portasse con sé un po' di magia. Quando terminò, le scarpe sembravano pronte a sollevarsi da terra e portarla in un mondo di avventure.

Il giorno della Fiera delle Invenzioni Straordinarie arrivò con un cielo azzurro e un sole splendente. Gli studenti disposero i loro stand con cura, ognuno più

stravagante dell'altro. Emma sistemò le sue Vola-
Penne con orgoglio, pronta a condividere il suo
straordinario viaggio nell'aria.

Quando la fiera fu aperta al pubblico, la curiosità
portò una folla di persone intorno allo stand di
Emma. I visitatori erano affascinati dalla possibilità
di volare con le sue scarpe magiche. Emma spiegò
come le VolaPenne trasformassero ogni passo in un
leggero balzo nell'aria, regalando a chi le indossava
la sensazione di danzare tra le nuvole.

Le risate e gli applausi del pubblico accompagna-
vano ogni dimostrazione di volo. La Fiera delle Invenzioni Straordinarie si trasformò in un vero spettacolo di meraviglie, e alla fine della giornata, Emma
e le sue VolaPenne vinsero il premio come l'invenzione più straordinaria.

Il successo di Emma dimostrò che l'immaginazione
e la creatività possono portare a invenzioni

incredibili, rendendo ogni passo della vita un'avventura straordinaria. E così, la Fiera delle Invenzioni Straordinarie continuò a ispirare la città di Meraviglia, offrendo sempre nuovi orizzonti di possibilità.

Con questa storia introduttiva, gli studenti possono sentirsi ispirati a immaginare e creare invenzioni fantastiche per l'esercizio successivo. Buona invenzione!

Esercizio 6:

Parole misteriose

Obiettivo:

Sviluppare la creatività attraverso l'utilizzo di parole misteriose per creare storie intriganti.

Istruzioni:

Introduzione alle Parole Misteriose

Spiega agli studenti che saranno sfidati a incorporare parole misteriose nelle loro storie per creare atmosfere intriganti e avvincenti.

Estrazione di Parole Misteriose

Crea una lista di parole misteriose o poco comuni (es. "Etere", "Crepuscolo", "Luminescenza",

"Sussurro", ecc.). Chiedi agli studenti di estrarre casualmente alcune parole da questa lista.

Esempio di parole misteriose:

Etere

Crepuscolo

Luminescenza

Sussurro

Melodia

Sviluppo della Storia

Gli studenti devono utilizzare le parole estratte per sviluppare una storia misteriosa. Ogni parola deve essere incorporata in modo significativo nella trama.

Esempio:

Parola Misteriosa: "Etere"

Utilizzo nella Storia: "Una nebbia eterea avvolgeva il vecchio maniero, rendendolo quasi invisibile agli occhi curiosi. I fantasmi del passato sembravano danzare nell'etere, sussurrando storie di amori perduti e segreti sepolti."

Descrizione Atmosferica

Gli studenti devono prestare particolare attenzione alla descrizione atmosferica utilizzando le parole misteriose. Questo contribuirà a creare un'ambientazione avvolgente.

Esempio di Descrizione:

"Il crepuscolo gettava la sua luce dorata sulla città deserta, mentre la luminescenza di antichi lampadari illuminava le strade. I sussurri della notte si mescolavano con una melodia lontana, creando un'atmosfera di mistero e incanto."

Coinvolgimento dei Personaggi:

Chiedi agli studenti di coinvolgere i personaggi nella trama in modo che le parole misteriose abbiano un impatto sulla narrazione e sulle loro azioni.

Esempio di Coinvolgimento dei Personaggi:

"La protagonista, Lara, seguì il sussurro dell'etere attraverso il labirinto di stradine della città. Mentre camminava nel crepuscolo, la luminescenza degli alberi sembrava guidarla verso un luogo segreto, dove una melodia misteriosa si faceva sempre più intensa."

Consigli per l'insegnante:

- Incoraggia gli studenti a sperimentare con le parole misteriose, esplorando il loro significato e cercando di utilizzarle in modo creativo.

- Puoi incoraggiare l'uso di elementi fantastici o surreali nelle storie per amplificare il senso di mistero.
- Organizza una sessione di lettura in classe dove gli studenti condividono le loro storie misteriose.
- Esempio di Discussione:
  Durante la discussione in classe, chiedi agli studenti di riflettere su come le parole misteriose abbiano contribuito a creare un'atmosfera particolare nelle loro storie e come abbiano influenzato lo sviluppo della trama.
- Questo esercizio stimola la creatività attraverso l'uso di parole misteriose, creando storie avvincenti e ricche di atmosfera.

Buona scrittura misteriosa!

L'Enigma delle Parole Smarrite

Nella cittadina di Misterville, un luogo avvolto da nebbie persistenti e strade tortuose, c'era una libreria antica chiamata "Il Labirinto delle Parole". I suoi scaffali erano colmi di libri antichi e polverosi, ma il vero tesoro della libreria era una scatola dimenticata, contenente fogli ingialliti con parole misteriose.

Si raccontava che queste parole, una volta scritte o pronunciate, possedessero un potere magico capace di rivelare segreti celati o di creare avventure straordinarie. Tuttavia, un giorno, le parole misteriose della scatola iniziarono a svanire nel nulla, lasciando dietro di sé solo fogli vuoti e un'enorme domanda irrisolta.

La notizia si diffuse rapidamente nella piccola comunità, creando una sensazione di inquietudine tra gli abitanti di Misterville. Ma un gruppo di giovani

49

esploratori, guidati dalla curiosità e dalla voglia di risolvere l'enigma, decise di indagare sulla scomparsa delle parole misteriose.

Il loro viaggio iniziò nella nebbia fitta di Misterville, seguendo le indicazioni di antiche mappe e racconti. Lungo il percorso, il gruppo incontrò personaggi straordinari che parlavano con sussurri di etere e lasciavano dietro di sé tracce luminose di luminescenza.

Arrivati al Labirinto delle Parole, gli esploratori trovarono il custode della libreria, un anziano saggio noto come Maestro Verbo. Con occhi sottili e voce misteriosa, il Maestro raccontò loro dell'antica profezia che circondava le parole smarrite.

"Le parole misteriose," disse il Maestro, "hanno acquisito vita propria e si sono nascoste nel crepuscolo della lingua, aspettando che menti creative le risveglino. Il destino di Misterville è legato alle storie che scriverete con queste parole misteriose."

Guidati dalle parole "Etere", "Crepuscolo", "Luminescenza", "Sussurro" e "Melodia" estratte da antichi manoscritti, gli esploratori si diressero verso la creazione di nuove storie. Attraverso l'uso magico di queste parole misteriose, Misterville fu gradualmente avvolta da un'atmosfera incantata e vibrante. Ogni passo nel crepuscolo, ogni sussurro dell'etere, e ogni luminescenza dei loro racconti creava un quadro di avventure e misteri. La melodia delle parole ritornò a risuonare nelle strade di Misterville, rivelando il segreto dietro la scomparsa e il potere intrinseco delle parole misteriose.

E così, Misterville ritornò a essere una cittadina di storie avvincenti e di parole che danzavano nell'etere. La leggenda delle parole smarrite diventò una parte indelebile della storia di Misterville, insegnando che le parole misteriose possiedono un potere straordinario quando si fondono con l'immaginazione.

Con questa storia introduttiva, gli studenti possono sentirsi coinvolti nell'enigma delle parole misteriose e sentirsi ispirati a creare storie intriganti per l'esercizio successivo. Buona scrittura e scoperta delle parole smarrite!

Esercizio 7:

Esplorazione del Luogo

Fantastico

Obiettivo:

Stimolare la creatività attraverso la descrizione dettagliata di un luogo fantastico inventato.

Istruzioni:

Introduzione all'Esplorazione del Luogo Fantastico:

Inizia spiegando agli studenti che saranno gli esploratori di un luogo fantastico unico e magico. Saranno responsabili di descrivere questo luogo con ricchezza di dettagli, coinvolgendo tutti i sensi.

Creazione del Luogo Fantastico

Chiedi agli studenti di inventare un luogo fantastico, sia esso un regno incantato, un pianeta lontano o una città sommersa. Devono considerare aspetti come la geografia, l'architettura, la flora, la fauna e gli abitanti.

Esempio:

Luogo Fantastico: "L'Isola delle Lucciole"

Descrizione: "Un'isola fluttuante circondata da nuvole scintillanti. Gli alberi, alti e flessibili, hanno foglie luminescenti che creano un bagliore cangiante. Le lucciole giganti volano liberamente nell'aria, disegnando traiettorie luminose e magici arabeschi."

Descrizione Sensoriale

Gli studenti devono descrivere il loro luogo fantastico coinvolgendo tutti i sensi. Cosa si vede, si sente, si odora, si tocca e si gusta in questo luogo?

Esempio di Descrizione Sensoriale:

"Il suolo dell'Isola delle Lucciole è soffice e cede sotto i piedi come un tappeto di muschio dorato. L'aria è permeata dal profumo dolce delle fioriture notturne, mentre il suono leggero delle foglie degli alberi produce una melodia rilassante."

Esplorazione Dettagliata:

Gli studenti devono immaginare di esplorare il loro luogo fantastico e descrivere dettagli specifici. Possono concentrarsi su luoghi chiave, incontri con creature fantastiche o eventi magici.

Esempio di Esplorazione Dettagliata:

"Mentre attraverso il Bosco delle Lucciole, noto una cascata di cristallo che riflette la luce delle lucciole creando uno spettacolo luminoso. Accarezzo le foglie degli alberi, che rispondono con un leggero bagliore, e incontro una creatura alata chiamata Luminara che mi guida verso la Sorgente delle Stelle."

Condivisione delle Descrizioni:

Alla fine dell'esercizio, gli studenti possono condividere le loro descrizioni con la classe. Possono farlo attraverso la lettura ad alta voce o la creazione di illustrazioni del loro luogo fantastico.

Consigli per l'insegnante:

- Incoraggia gli studenti a pensare in modo dettagliato e ad approfondire la loro immaginazione.

- Puoi organizzare una "Giornata di Esplorazione" in classe, dove gli studenti presentano il loro luogo fantastico a vicenda, creando un ambiente collaborativo.

- *Esempio di Discussione:*

  Durante la discussione in classe, gli studenti possono condividere le loro esperienze nell'esplorazione del loro luogo fantastico e discutere di come i dettagli descritti abbiano influenzato la loro immaginazione.

Questo esercizio offre agli studenti l'opportunità di sviluppare dettagliatamente un mondo fantastico, stimolando la loro creatività e capacità descrittive. Buona esplorazione del luogo fantastico!

Il Viaggio nell'Isola delle Lucciole

Nel cuore dell'universo, oltre le stelle e le galassie conosciute, esiste un luogo incantato chiamato l'Isola delle Lucciole. Questa meraviglia celeste galleggia tra le nebulose luminose, un'isola fluttuante avvolta da nuvole iridescenti e illuminate dalla luce delle stelle.

Un giorno, tre giovani esploratori spaziali, Aurora, Leo e Stella, decisero di intraprendere un viaggio indimenticabile attraverso il cosmo. Accompagnati da una navicella spaziale magica, varcarono il confine tra il noto e l'ignoto, dirigendosi verso l'Isola delle Lucciole.

Mentre la navicella attraversava la nebbia cosmica, gli esploratori scoprirono un'isola diversa da tutto ciò che avevano mai immaginato. L'Isola delle

Lucciole si estendeva sotto di loro, un panorama di alberi luminescenti, fiori che brillavano di colori incantevoli e creature alate che danzavano nell'aria.

Decisero di esplorare a piedi, camminando su un terreno soffice come l'argento. Le foglie degli alberi risplendevano, creando un bagliore magico ogni volta che venivano sfiorate. Le lucciole giganti, esseri luminosi come stelle, volavano in formazioni scintillanti, tracciando arabeschi di luce.

Aurora, Leo e Stella si inoltrarono nel Bosco delle Lucciole, dove il suolo emanava un profumo dolce di fioriture notturne. Attraverso una radura, giunsero di fronte a una cascata di cristallo, dove l'acqua cadeva con grazia in un laghetto scintillante.

Mentre esploravano, incontrarono creature fantastiche come gli Arbosogni, piccole creature alate che si nutrivano di dolci melodie e gli Argentispiriti, spiriti custodi dell'Isola delle Lucciole. Ogni incontro era un capitolo nuovo e affascinante nella loro avventura.

Il viaggio li portò alla Sorgente delle Stelle, un luogo magico dove il cielo notturno si rifletteva in uno specchio d'acqua luminescente. Qui, Aurora, Leo e Stella si sedettero e iniziarono a descrivere, con parole piene di emozione, il loro incredibile viaggio nell'Isola delle Lucciole.

Con il passare del tempo, le stelle si disposero in configurazioni uniche, creando un dipinto celeste di rara bellezza. L'Isola delle Lucciole rispondeva ai loro racconti, espandendosi con nuovi angoli inesplorati e nuove creature magiche.

Il trio di esploratori capì che l'Isola delle Lucciole era un luogo in costante evoluzione, modellato dalla magia delle parole e dalla creatività di coloro che osavano esplorarlo. Con il cuore pieno di gioia, Aurora, Leo e Stella salirono sulla navicella spaziale, portandosi dietro le storie e i ricordi di un viaggio straordinario.

E così, l'Isola delle Lucciole rimase come un brillante punto nell'universo, pronta ad accogliere nuovi esploratori e a trasformarsi ancora una volta con ogni racconto narrato.

Con questa storia introduttiva, gli studenti possono sentirsi immersi nel magico viaggio nell'Isola delle Lucciole e saranno ispirati a esplorare il loro luogo fantastico per l'esercizio successivo. Buona esplorazione del luogo fantastico!

Esercizio 8:

La Giornata di un
Oggetto Inanimato

Obiettivo:

Scrivere una storia dalla prospettiva di un oggetto inanimato, esplorando la giornata e le esperienze uniche vissute da quell'oggetto.

Istruzioni:

Scelta dell'Oggetto:

Ogni studente deve scegliere un oggetto inanimato come protagonista della storia (es. penna, orologio, giocattolo, tazza, ecc.).

Immaginazione dell'Identità:

Immagina che l'oggetto sia dotato di pensieri e sentimenti. Cosa pensa quando viene utilizzato? Come si sente quando viene lasciato da solo?

Descrizione del Luogo di Appartenenza:

Descrivi il luogo in cui l'oggetto vive o viene utilizzato di solito. Può essere una scrivania, una mensola, una scatola, o qualsiasi altro ambiente in cui l'oggetto trascorre la maggior parte del tempo.

Esempio:

Oggetto: Una penna

Luogo di Appartenenza: La scrivania di un giovane scrittore.

La Routine Giornaliera:

Racconta la routine giornaliera dell'oggetto, dalla mattina alla sera. Cosa fa quando viene preso in mano? Come si sente quando viene riposto? Quali pensieri ha durante il giorno?

Esempio di Routine Giornaliera:

"Al mattino, mi sveglio quando il giovane scrittore si siede alla scrivania. Mi sento eccitata all'idea di trasformare i suoi pensieri in parole. Durante il giorno, mi sento importante quando viene usata per appuntare idee e storie. La sera, quando viene riposta, mi sento soddisfatta per aver contribuito alla giornata creativa."

Eventi Straordinari:

Immagina se ci sono eventi straordinari o insoliti che accadono durante la giornata dell'oggetto. Potrebbe fare nuove scoperte o interagire con altri oggetti intorno a sé.

Esempio di Evento Straordinario:

"Un giorno, la penna notò una lettera affettuosa che il giovane scrittore aveva scritto per un amico. Si sentì orgogliosa di essere parte di quel momento speciale e di trasmettere emozioni."

Conclusioni della Giornata:

Descrivi come si sente l'oggetto alla fine della giornata quando viene riposto nel suo luogo di appartenenza. Ha qualche aspettativa per il giorno successivo?

Esempio di Conclusioni:

"Quando vengo riposta nella cassetta della scrivania, mi sento soddisfatta e in attesa della prossima avventura. So che il giovane scrittore mi userà ancora per esplorare mondi immaginari."

<u>Consigli per l'insegnante:</u>

-   Chiedi loro di riflettere sulle emozioni e i pensieri unici che possono attribuire all'oggetto durante la giornata.

- Incoraggia gli studenti a concentrarsi sui dettagli sensoriali e emotivi dell'oggetto inanimato.

- Organizza una sessione di lettura in classe in cui gli studenti possono condividere le loro storie dell'oggetto inanimato.

- Esempio di Discussione:

Durante la discussione in classe, gli studenti possono condividere le esperienze uniche dei loro oggetti inanimati e discutere di come attribuire personalità e emozioni a oggetti apparentemente comuni possa rendere la scrittura più interessante.

Questo esercizio incoraggia la creatività e offre agli studenti l'opportunità di esplorare la scrittura da una prospettiva unica.

Buona scrittura della giornata dell'oggetto inanimato!

La Vita Segreta della Penna Scrittoria

Nella stanza accogliente di un giovane scrittore di nome Luca, c'era un oggetto apparentemente ordinario che aveva un mondo tutto suo: una penna scrittoria. Questa penna, tuttavia, era dotata di un potere speciale che solo pochi conoscevano.

La penna, di nome Inchiostrella, era una compagna fedele di Luca in tutte le sue avventure letterarie. Ogni giorno, Inchiostrella risvegliava la sua coscienza quando Luca apriva la porta della sua scrivania, pronta a essere impiegata nella creazione di nuovi mondi e storie.

Un mattino, mentre la luce del sole si filtrava attraverso la finestra, Inchiostrella iniziò la sua giornata. Sentiva la mano di Luca afferrarla con eccitazione, pronta a danzare sull'inedito foglio bianco. La penna si sentiva come uno strumento magico, trasformando i pensieri e le emozioni di Luca in tratti eleganti di inchiostro.

Durante la giornata, Inchiostrella attraversava il foglio come una danzatrice graziosa, dando vita a mondi fantastici e personaggi vibranti. Si sentiva parte integrante di storie emozionanti, sia che Luca stesse scrivendo di avventure spaziali, misteri avvincenti o amicizie indelebili.

In una delle sue avventure più straordinarie, Inchiostrella aiutò Luca a scrivere una lettera sincera e toccante a un amico lontano. La penna si sentì orgogliosa di trasmettere affetto e connessione attraverso ogni corsivo delicato.

Verso il tramonto, quando le parole si placarono e il silenzio tornò nella stanza, Inchiostrella fu riposta nella cassetta della scrivania. Ma la sua giornata non finiva qui. Mentre riposava, la penna sognava di mondi ancora da esplorare e storie ancora da raccontare.

Inchiostrella non era solo un oggetto inanimato; era la guardiana silenziosa delle avventure di Luca, una complice nella creazione di mondi immaginari. Ogni tratto di penna raccontava una storia, e ogni giorno era un capitolo nuovo e unico nella vita segreta di questa straordinaria penna scrittoria.

E così, ogni mattina, Inchiostrella attendeva con impazienza il tocco di Luca, pronta a iniziare un nuovo capitolo, a esplorare nuovi orizzonti e a vivere una vita segreta di parole e magia.

Con questa storia introduttiva, gli studenti possono iniziare a immaginare la vita segreta degli oggetti inanimati e sentirsi ispirati a esplorare le loro storie nella scrittura dell'esercizio. Buona scrittura della giornata dell'oggetto inanimato!

Esercizio 9:

Il viaggio nel tempo

Obiettivo:

Scrivere una storia coinvolgente che si basa su un viaggio nel tempo, esplorando epoche diverse e avventure uniche.

Istruzioni:

Scegli il Punto di Partenza

Ogni studente deve immaginare di possedere una macchina del tempo. Scegli un punto di partenza per il tuo viaggio nel tempo (es. la tua camera da letto, una biblioteca, ecc.).

Destinazioni nel Tempo

Decidi le destinazioni temporali del tuo viaggio.

Puoi viaggiare nel passato o nel futuro, scegliere epoche storiche o esplorare mondi futuristici.

Esempio di Destinazioni Temporali:

Antica Roma

Il Rinascimento

Futuro Distopico

Descrizione delle Destinazioni:

Per ogni destinazione temporale scelta, descrivi dettagliatamente l'ambiente, le persone, gli abiti e gli eventi caratteristici di quel periodo.

Esempio di Descrizione:

Destinazione Temporale: Antica Roma

Descrizione: "Le strade lastricate di pietra si estendono davanti a te, mentre mercanti vendono le loro merci esotiche. Uomini e donne indossano abiti romani tradizionali, e puoi sentire il brusio della vita quotidiana intorno a te."

Avventure nel Tempo:

Scrivi una storia che segue il protagonista nel suo viaggio attraverso le destinazioni temporali. Descrivi le avventure, gli incontri con personaggi storici o futuristici, e come il protagonista interagisce con il contesto temporale.

Esempio di Avventura nel Tempo:

"Mentre esploravi l'Antica Roma, ti ritrovi coinvolto in un'epica gara di carri e incontri un filosofo famoso. Poi, nel Rinascimento, ti trovi a collaborare con un famoso artista nella creazione di un capolavoro."

Impatto del Viaggio nel Tempo:

Rifletti su come il viaggio nel tempo ha influenzato

il protagonista. Ha imparato qualcosa di nuovo su sé stesso o sulle diverse epoche? Come cambia nel corso della storia?

Esempio di Riflessione:

"Alla fine del viaggio, ti rendi conto di quanto hai imparato dalle diverse epoche. Hai acquisito una prospettiva unica sulla storia e su te stesso, portando a casa non solo ricordi, ma una comprensione più profonda del mondo."

Consigli per l'insegnante:

Incoraggia gli studenti a esplorare epoche diverse, stimolando la loro creatività e immaginazione.

Chiedi loro di riflettere sulla storia e sui cambiamenti nel personaggio a seguito del viaggio nel tempo.

Organizza una sessione di lettura in classe per condividere le avventure nel tempo e discutere delle diverse epoche esplorate.

Esempio di Discussione:

Durante la discussione in classe, incoraggia gli studenti a condividere le loro esperienze di viaggio nel tempo e a discutere di come la comprensione delle diverse epoche possa arricchire la loro visione del mondo.

Questo esercizio offre agli studenti l'opportunità di esplorare la storia attraverso la scrittura creativa, stimolando la loro immaginazione e aprendo porte a nuovi mondi.

Buon viaggio nel tempo!

Il Crononauta e l'Enigma Temporale

Nella tranquilla cittadina di Novaterra, un giovane appassionato di scienza chiamato Marco aveva un segreto straordinario: possedeva una macchina del tempo. La sua invenzione, battezzata "Chrono-Nauta", si nascose nel retro del suo laboratorio, pronto a condurlo in epoche mai immaginate.

Una sera, mentre Marco stava esaminando antichi manoscritti sul viaggio nel tempo, la ChronoNauta emise un leggero bagliore. Senza esitazione, Marco si preparò per un viaggio epocale attraverso le ere. La macchina del tempo si accese con un ronzio e un vortice di luce, trasportando Marco in un viaggio straordinario.

Il primo destino della ChronoNauta fu l'Antica Roma, dove Marco si trovò circondato da colonne imponenti e strade di pietra levigata. Mentre passeggiava tra mercanti e cittadini romani, assistette a una spettacolare corsa di carri e scambiò qualche parola con un filosofo che discuteva di saggezza e virtù.

Dopo un breve soggiorno nell'Antica Roma, la ChronoNauta trasportò Marco nel Rinascimento, dove le strade erano percorse da artisti e intellettuali. Qui, Marco collaborò con un giovane Leonardo da Vinci, aiutandolo nella creazione di un'opera d'arte unica che unisse passato e futuro.

Ma l'avventura di Marco non si fermò qui. La ChronoNauta lo portò avanti nel tempo, proiettandolo in un futuro distopico dominato da macchine intelligenti. In questo mondo futuristico, Marco imparò l'importanza della sostenibilità e della connessione umana in un'era avanzata tecnologicamente.

Durante il viaggio nel tempo, Marco si rese conto che non solo esplorava epoche diverse, ma stava anche scoprendo nuove sfaccettature di sé stesso. Attraverso le avventure e gli incontri con figure storiche e futuriste, Marco acquisì una prospettiva più profonda sulla sua identità e sulle potenzialità della scienza.

Alla fine del suo viaggio, con il cuore e la mente ricchi di esperienze, Marco ritornò a Novaterra. La ChronoNauta si spense, lasciando Marco nel suo laboratorio con una consapevolezza nuova e arricchita del tessuto del tempo. La sua storia, intessuta tra le ere, era diventata una testimonianza della straordinaria avventura di un crononauta attraverso gli annali del tempo.

E così, Novaterra e il suo inventore erano diventati custodi di un segreto straordinario, di una macchina del tempo che apriva le porte a mondi passati, presenti e futuri. La ChronoNauta aspettava il prossimo viaggiatore desideroso di esplorare l'infinito tessuto del tempo.

Con questa storia introduttiva, gli studenti possono essere ispirati a immaginare le loro avventure nel tempo e ad esplorare le epoche attraverso la scrittura creativa. Buon viaggio nel tempo!

Esercizio 10:

Il mondo sottomarino

Obiettivo:

Esplorare e descrivere un mondo sottomarino fantastico attraverso la scrittura creativa.

Istruzioni:

Immagina il Mondo Sottomarino

Ogni studente deve immaginare un mondo sottomarino unico e fantastico. Crea dettagli sulla flora, la fauna, e l'aspetto generale di questo regno subacqueo.

Esempio di Immaginazione:

Nome del Mondo: Oceania Lumina

Caratteristiche: Alberi di corallo luminoso, creature bioluminescenti, caverne di cristallo.

Descrizione Sensoriale

Utilizza descrizioni sensoriali per rendere il mondo sottomarino più vivido. Descrivi i colori, i suoni, i movimenti e le sensazioni uniche dell'ambiente marino.

Esempio di Descrizione Sensoriale:

"Nell'Oceania Lumina, il blu profondo delle acque si mescola con il bagliore verde smeraldo dei coralli luminosi. Il canto delle creature marine riempie l'aria, mentre le correnti dolci cullano ogni movimento."

Creature Marine Fantastiche

Inventate creature marine uniche e fantastiche che

abitano il mondo sottomarino. Descrivine aspetto, comportamento e ruolo nell'ecosistema.

Esempio di Creature Marine:

Luminofolli: Piccole creature simili a pesci con scaglie iridescenti che emanano luce quando sono felici.

Corallonidi: Giganteschi cavalli marini che nuotano tra i coralli, proteggendo il loro regno.

Storie del Mondo Sottomarino

Scrivi una storia che si svolge nel mondo sottomarino. Può trattare di un'avventura, un'incontro speciale o una sfida che le creature marine devono affrontare.

Esempio di Storia:

"Quando uno stormo di Luminofolli si accorge di

una nuova creatura nel loro regno, decidono di indagare. La storia segue il loro viaggio per scoprire l'origine della misteriosa visita e le lezioni che imparano lungo il percorso."

Messaggi Ambientali

Rifletti su possibili messaggi ambientali che la storia potrebbe trasmettere, come la conservazione degli oceani o il rispetto per l'ecosistema marino.

Esempio di Messaggio Ambientale:

"Attraverso l'avventura delle creature marine, la storia sottolinea l'importanza di proteggere i mari e di preservare la bellezza e la diversità del mondo sottomarino."

Consigli per l'insegnante:

Incentiva gli studenti a esplorare la loro creatività

inventando elementi unici per il loro mondo sotto-marino.

Chiedi loro di concentrarsi sulle descrizioni senso-riali per rendere il mondo sottomarino coinvolgente per il lettore.

Organizza una sessione di lettura in classe in cui gli studenti possono condividere le loro storie e discutere dei mondi sottomarini creati dai loro compagni.

Esempio di Discussione:

Durante la discussione in classe, incoraggia gli studenti a condividere le caratteristiche più affascinanti dei loro mondi sottomarini e a discutere dei messaggi ambientali che hanno inserito nelle loro storie.

Questo esercizio incoraggia la creatività e consente agli studenti di esplorare mondi fantastici mentre riflettono sulle questioni ambientali importanti.

Buona esplorazione del mondo sottomarino!

L'Odissea di Oceania Lumina

Nel cuore dell'oceano, laddove il sole appena riesce a penetrare le acque profonde, esiste un regno subacqueo sconosciuto agli umani: Oceania Lumina. Questo mondo sottomarino è un incanto di luce, colore e creatività, abitato da creature marine straordinarie.

In una serena giornata, Luna, una giovane Luminofolla con scaglie iridescenti e occhi vivaci, scorse una misteriosa ombra che danzava tra i coralli. Curiosa, decise di avventurarsi oltre il suo consueto percorso tra le alghe e i giardini di anemoni.

Mentre nuotava tra le acque, Luna notò la presenza di una nuova creatura, un visitatore proveniente da un altro mondo. Era Serafino, un viaggiatore umano che, inaspettatamente, si era trovato immerso in

Oceania Lumina attraverso una magica porta sotto-marina.

La notizia dell'arrivo di Serafino si diffuse rapida-mente tra le creature marine, creando un'atmosfera di eccitazione e curiosità. Corallonidi eleganti nuo-tavano in cerchi, mentre gli Sfarfalletti danzavano in un vortice luminoso per celebrare l'evento straordi-nario.

Luna, desiderosa di scoprire di più su Serafino e il suo mondo, decise di guidarlo attraverso Oceania Lumina. Attraversarono boschetti di coralli lumi-nosi, passarono accanto a giganteschi cavalli marini chiamati Corallonidi, e si fermarono per ascoltare il canto melodioso degli Sfarfalletti.

Durante il loro viaggio, Luna e Serafino affronta-rono sfide e risolsero enigmi che solo il mondo sot-tomarino poteva presentare. Scoprirono antiche rovine di corallo e tesori dimenticati, testimoni di una storia sottomarina sepolta negli abissi dell'oceano.

La loro avventura non solo svelò i segreti di Oceania Lumina, ma insegnò a entrambi l'importanza di rispettare e preservare l'ecosistema marino. Serafino, affascinato dalla bellezza e dalla fragilità di quel mondo, promise di condividere il suo racconto con gli umani, incoraggiando la conservazione degli oceani.

Alla fine della loro odissea sottomarina, Luna accompagnò Serafino alla magica porta sottomarina che lo riportò al suo mondo. Tuttavia, la luce di Oceania Lumina continuò a risplendere nei ricordi di Serafino, ispirandolo a diventare un ambasciatore per la protezione degli oceani.

Così, Oceania Lumina tornò al suo tranquillo splendore, custode di segreti e custode di una lezione preziosa sulla bellezza, la diversità e la necessità di preservare il mondo sottomarino.

Con questa storia introduttiva, gli studenti possono immergersi nell'immaginario Oceania Lumina e sentirsi ispirati a creare il loro mondo sottomarino fantastico. Buona esplorazione del regno subacqueo!

Esercizio 11:

Il Giorno in cui gli Animali parlano

Obiettivo:

Immagina un giorno straordinario in cui gli animali acquisiscono la capacità di parlare e comunica le loro storie attraverso la scrittura creativa.

Istruzioni:

Scegli l'Ambiente

Ogni studente deve selezionare un ambiente specifico in cui si svolge il "Giorno in cui gli Animali parlano" (es. una foresta, un parco cittadino, ecc.).

Esempio di Ambiente:

Luogo: La Foresta degli Alberi Parlanti

Descrizione degli Animali

Immagina una varietà di animali che abitano l'ambiente scelto. Descrivi il loro aspetto, il loro comportamento e le loro personalità.

Esempio di Descrizione degli Animali:

Percivallo il Pappagallo: Un pappagallo colorato e socievole che ama raccontare storie.

Olivia la Leprotta: Una leprotta curiosa e veloce che si diverte a scoprire nuovi luoghi.

Il Momento del Cambiamento

Racconta come avviene il cambiamento che permette agli animali di parlare. Può essere un evento magico, un'influenza meteorologica o qualsiasi altra causa fantastica.

Esempio di Cambiamento:

"Una notte, una pioggia di stelle cadenti attraversò il cielo, portando con sé un'energia magica che conferì il dono del linguaggio agli animali della Foresta degli Alberi Parlanti."

Dialoghi e Intrecci delle Storie:

Scrivi dialoghi tra gli animali, esplorando le loro conversazioni e interazioni. Intreccia le loro storie per creare un quadro complesso del "Giorno in Cui gli Animali Parlano".

Esempio di Dialogo:

Percivallo: "Hai mai volato tra le stelle, Olivia?"

Olivia: "Non ancora, Percivallo, ma ora che possiamo parlare, vorrei sentire tutte le tue avventure celesti!"

Lezioni Apprese:

Rifletti su quali lezioni o messaggi gli animali possono apprendere durante questa giornata speciale. Può essere un messaggio sulla comprensione reciproca, sull'importanza dell'amicizia o su tematiche più ampie.

Esempio di Lezione Appresa:

"Gli animali impararono che la comunicazione va oltre le parole, abbracciando l'importanza di ascoltarsi a vicenda e di comprendere le diverse prospettive."

Consigli per l'insegnante:

- Incoraggia gli studenti a utilizzare la creatività nella creazione degli animali e nella descrizione dell'ambiente.

- Suggerisci di concentrarsi sui dialoghi per esplorare la personalità degli animali e le loro interazioni.

- Organizza una sessione di lettura in classe per permettere agli studenti di condividere le loro storie e discutere delle diverse prospettive degli animali.

- **Esempio di Discussione:**

  Durante la discussione in classe, incoraggia gli studenti a riflettere sulle lezioni apprese dagli animali e su come queste possano essere applicate nella vita quotidiana umana. Questo esercizio offre l'opportunità di esplorare tematiche importanti attraverso una lente fantastica. Buona scrittura del "Giorno in Cui gli Animali Parlano"!

Il Giorno Magico nella Foresta degli Alberi Parlanti

Nella tranquilla Foresta degli Alberi Parlanti, un luogo incantato dove gli alberi custodivano saggezza millenaria, c'era un giorno destinato a essere diverso da tutti gli altri. Era il Giorno Magico, in cui gli animali della foresta avrebbero acquisito la straordinaria capacità di parlare.

La notizia di questo evento straordinario si diffuse attraverso il vento sussurrante tra i rami, raggiungendo le orecchie curiose di Percivallo, un pappagallo colorato noto per le sue storie vivaci, e Olivia, una leprotta veloce e sempre alla ricerca di nuove avventure.

La vigilia del Giorno Magico, una pioggia di stelle cadenti attraversò il cielo, portando con sé un'energia magica che danzava tra i rami degli alberi. In quel momento magico, gli animali della Foresta degli Alberi Parlanti sentirono una sensazione strana, come se il linguaggio si stesse risvegliando in loro.

Il mattino successivo, al sorgere del sole, Percivallo e Olivia si resero conto che qualcosa era profondamente cambiato. Quando aprirono bocca per comunicare, emersero parole chiare e comprensibili. Era il Giorno Magico, e la Foresta degli Alberi Parlanti era viva con il suono di voci animali.

"Grazie alle stelle cadenti, possiamo finalmente parlare!" esclamò Percivallo, battendo le ali con entusiasmo.

"È incredibile!" rispose Olivia, scodinzolando. "Immagina tutte le storie che possiamo condividere ora."

Gli animali della foresta si radunarono per condividere le loro esperienze e per celebrare questo giorno senza precedenti. Gli scoiattoli raccontavano storie di corse ad alta velocità tra gli alberi, mentre le civette condivisero sagge profezie che avevano custodito per secoli.

Percivallo e Olivia, desiderosi di esplorare le vaste possibilità del loro nuovo dono, si avventurarono insieme nella foresta. Durante il loro viaggio, incontrarono altri animali, ascoltando le loro storie e imparando lezioni preziose sull'importanza della comprensione reciproca e della diversità nella Foresta degli Alberi Parlanti.

In questa giornata straordinaria, gli animali impararono che il potere della parola portava con sé la responsabilità di ascoltare, capire e comunicare con gentilezza. Le lezioni apprese quel giorno avrebbero continuato a intrecciare le loro vite, rendendo la Foresta degli Alberi Parlanti un luogo ancora più magico e unito.

E così, sotto il cielo sereno della Foresta degli Alberi Parlanti, gli animali continuarono a parlare, condividendo storie di avventure, amicizia e saggezza, mentre il Giorno Magico si trasformava in una testimonianza eterna del potere della comunicazione e della connessione tra tutte le creature della natura.

Con questa storia introduttiva, gli studenti possono immergersi nell'atmosfera magica del Giorno Magico nella Foresta degli Alberi Parlanti e sentirsi ispirati a esplorare le voci e le storie degli animali attraverso la scrittura creativa. Buona avventura nel mondo della comunicazione animale!

Esercizio 12:

L'Isola dei Colori

Obiettivo:

Esplorare un'isola fantastica dove i colori assumono vita propria e influenzano il mondo circostante, creando storie coinvolgenti attraverso la scrittura creativa.

Istruzioni:

Immagine dell'Isola

Ogni studente deve immaginare un'isola surreale in cui i colori hanno una presenza magica. Descrivi l'aspetto dell'isola, i paesaggi colorati e gli effetti dei colori sulla natura.

Esempio di Immagine dell'Isola:

Nome dell'Isola: Chromalandia

Caratteristiche: Alberi con foglie fluorescenti, fiori che cambiano colore al tocco, e un cielo che dipinge spettacolari albe e tramonti.

I Colori Viventi:

Inventate personificazioni per i colori principali presenti sull'isola. Ogni colore dovrebbe avere una personalità unica e poteri magici associati.

Esempio di Colori Viventi:

Rosso Ardente: Un colore appassionato e caldo, capace di creare fuochi danzanti e risvegliare la passione in chi lo incontra.

Blu Sereno: Un colore tranquillo che diffonde una calma rilassante e può trasformare il mare in un lago di tranquillità.

Il Potere dell'Armonia Cromatica:

Esplora come l'armonia tra i colori può influenzare la vita sull'isola. Descrivi come i colori collaborano per creare paesaggi affascinanti e influenzare le emozioni degli abitanti.

Esempio di Armonia Cromatica:

"Quando Rosso Ardente e Blu Sereno si uniscono, creano spettacolari viola crepuscolari che rasserenano l'anima di chiunque li contempli."

Storie di Colori e Abitanti:

Scrivi storie che coinvolgono gli abitanti dell'isola e il loro rapporto con i colori. Come influenzano i colori le loro vite quotidiane? Quali avventure colorate affrontano?

Esempio di Storia:

"Il giorno in cui Giallo Allegro perse il suo brillante

splendore, gli abitanti di Chromalandia dovettero cercare una soluzione creativa per ridare vita al loro colore più felice."

Messaggi sulla Diversità e l'Armonia:

Rifletti su messaggi positivi sulla diversità e sull'armonia. Come la convivenza dei colori può insegnare agli abitanti dell'isola importanti lezioni sulla collaborazione e sulla bellezza della diversità?

Esempio di Messaggio Positivo:

"L'Isola dei Colori insegna che ogni colore, anche se diverso, ha un ruolo importante nell'armonia cromatica dell'isola. La diversità rende Chromalandia un luogo unico e straordinario."

Consigli per l'insegnante:

- Incoraggia gli studenti a esplorare la creatività

nella creazione degli ambienti e dei personaggi.

- Suggerisci di concentrarsi sui dettagli descrittivi per rendere l'isola e i colori viventi più vividi.

- Organizza una sessione di lettura in classe per permettere agli studenti di condividere le loro storie e discutere delle lezioni apprese sull'isola dei colori.

- **Esempio di Discussione:**

Durante la discussione in classe, incoraggia gli studenti a condividere i dettagli più affascinanti dei loro colori viventi e delle storie ambientate sull'Isola dei Colori. Discussi insieme come la diversità e l'armonia possono essere riflessi nella loro scrittura. Buona esplorazione di Chromalandia!

Il Risveglio
di Chromalandia

In un angolo remoto dell'oceano, lì dove il cielo baciava il mare e la natura vibrava di magia, si trovava un luogo unico chiamato Chromalandia. Quest'isola non era come le altre; era un regno di colori, un paradiso cromatico dove ogni tonalità aveva un ruolo speciale nella danza vivente della natura.

Il silenzio dell'isola fu rotto un mattino da un evento straordinario: il Risveglio di Chromalandia. Un'energia magica si diffuse attraverso l'aria, toccando ogni fiore, ogni foglia, ogni onda del mare. Gli alberi, i fiori, e persino l'acqua del mare si animarono con una gamma di colori mai vista prima.

Al centro dell'isola, dove un prato verde si fondeva con la sabbia dorata, c'era una radura circondata da alberi dai tronchi cangianti e fiori che cambiavano sfumatura a ogni respiro del vento. In quel luogo, si radunarono i Colori Viventi, le personificazioni degli elementi cromatici dell'isola.

Rosso Ardente, un colore passionale e caloroso, irradiava calore e vitalità. Blu Sereno, con la sua aura rilassante, cullava ogni creatura con la sua tranquillità. Giallo Allegro, un sole ambulante, portava gioia e risate ovunque andasse. Ognuno di loro aveva un dono unico che contribuiva all'armonia cromatica di Chromalandia.

Con il risveglio dei colori, l'isola si trasformò in uno spettacolo di colori brillanti. Il mare danzava con riflessi scintillanti, gli alberi lanciavano ombre multicolori, e l'aria stessa sembrava un arcobaleno in movimento. Era come se Chromalandia avesse trovato la sua voce in una sinfonia di colori.

Gli abitanti dell'isola, creature magiche e animali, uscirono dalle loro tane e si unirono alla celebrazione del Risveglio. Ognuno di loro fu toccato dalla magia cromatica, acquisendo uno splendore nuovo e vibrante.

Il Risveglio di Chromalandia portò con sé un senso di unità e comprensione tra gli abitanti. Le differenze cromatiche erano celebrate, e ogni colore contribuiva in modo unico alla bellezza collettiva dell'isola. Era un giorno di festa, di connessione e di scoperta.

Ma l'isola aveva anche un messaggio da condividere con il mondo: la bellezza della diversità e l'armonia che poteva sorgere dalla collaborazione di colori unici. Mentre Chromalandia brillava nella sua magnificenza cromatica, l'isola stessa divenne un faro di ispirazione per tutti coloro che desideravano abbracciare la diversità e creare armonia nelle loro vite.

E così, Chromalandia si rivelò non solo un luogo di colori viventi, ma anche un rifugio di saggezza, dove le lezioni della diversità e dell'armonia si dipanavano come una storia infinita tra le onde di colori che accarezzavano le rive dell'isola.

Con questa storia introduttiva, gli studenti possono immergersi nel mondo vibrante di Chromalandia e sentirsi ispirati a esplorare le storie di colori viventi e abitanti unici sull'Isola dei Colori. Buona scrittura nella terra incantata di Chromalandia!

Esercizio 13:
Il Piccolo Astronauta

Obiettivo:

Immagina un'avventura spaziale con un piccolo astronauta e crea storie coinvolgenti attraverso la scrittura creativa.

Istruzioni:

Il Piccolo Astronauta:

Ogni studente deve inventare un personaggio principale, il "Piccolo Astronauta". Descrivi il suo aspetto, la sua personalità e il motivo per cui ha deciso di esplorare lo spazio.

Esempio di Piccolo Astronauta:
Nome: Stella Astralis

Aspetto: Piccola astronauta con una tuta colorata e un casco adornato di stelline.

Personalità: Curiosa, coraggiosa e appassionata di esplorare le stelle.

La Missione Spaziale

Crea una missione spaziale per il Piccolo Astronauta. Può essere un viaggio verso un pianeta sconosciuto, la scoperta di una stella cadente magica o qualsiasi altro evento spaziale fantastico.

Esempio di Missione Spaziale:
Stella Astralis parte per un viaggio verso l'Enigmatica Nebulosa per scoprire il segreto che si cela dietro le sue brillanti nuvole cosmiche.

Compagni di Avventura

Introduci altri personaggi che il Piccolo Astronauta

potrebbe incontrare nello spazio. Possono essere creature aliene amichevoli, robot spaziali o personaggi fantastici.

Esempio di Compagni di Avventura:

Luna Lumina: Una luna sorridente con la capacità di illuminare il buio dello spazio.

Robot Stellaris: Un robot compagno dotato di strumenti utili per l'esplorazione.

Sfide e Scoperte:

Durante il viaggio spaziale, il Piccolo Astronauta dovrebbe affrontare sfide e fare scoperte straordinarie. Descrivi gli ostacoli che incontra e le emozionanti scoperte spaziali.

Esempio di Sfida e Scoperta:

Durante un passaggio attraverso un campo di asteroidi, Stella Astralis scopre una cometa dimenticata che custodisce antichi segreti della galassia.

Lezioni Spaziali

Rifletti sulle lezioni che il Piccolo Astronauta impara durante la sua avventura. Quali valori, conoscenze o scoperte porta con sé al ritorno?

Esempio di Lezione Spaziale:
"Stella Astralis impara che anche nelle regioni più remote dello spazio, la curiosità e il coraggio sono le chiavi per svelare il mistero dell'universo."

Consigli per l'insegnante:

- Incentiva gli studenti a sperimentare con la creatività nella creazione del Piccolo Astronauta e degli ambienti spaziali.
- Organizza una sessione di lettura in classe per permettere agli studenti di condividere le loro

storie e discutere delle avventure del Piccolo Astronauta.

- Suggerisci di concentrarsi sui dettagli descrittivi per rendere il viaggio spaziale coinvolgente.

- **Esempio di Discussione:**

Durante la discussione in classe, incoraggia gli studenti a condividere le sfide più appassionanti che il loro Piccolo Astronauta ha affrontato e a discutere delle lezioni spaziali apprese. Questo esercizio offre l'opportunità di esplorare l'immaginazione spaziale e di trasmettere messaggi positivi attraverso storie avvincenti. Buon viaggio nello spazio con il Piccolo Astronauta!

La Magica Avventura
di Stella Astralis

In una notte stellata, in un piccolo paese ai confini del mondo, c'era una bambina speciale chiamata Stella. Stella aveva sempre sognato di esplorare lo spazio, di danzare tra le stelle e di scoprire i segreti nascosti delle galassie lontane. La sua passione per le stelle la portò a diventare conosciuta come "Stella Astralis".

Un giorno, mentre Stella osservava il cielo notturno con i suoi occhi luminosi, una stella cadente attraversò il firmamento. Era un segno magico che le indicava che il momento di realizzare il suo sogno era giunto. Quella notte, Stella indossò una tuta colorata e un casco adornato di stelline e si preparò per la sua avventura spaziale.

Con un balzo audace, Stella Astralis saltò sulla sua scintillante navicella spaziale, pronta a esplorare le meraviglie dello spazio infinito. La sua missione la portò verso l'Enigmatica Nebulosa, un luogo di misteri e incantesimi cosmicamente intrecciati.

Durante il viaggio, Stella incontrò Luna Lumina, una luna sorridente che illuminava il buio dello spazio. Luna Lumina divenne la sua guida, fornendo luce e conforto nelle notti interstellari. Insieme, attraversarono campi di stelle cadenti, danzarono tra gli anelli di pianeti e navigarono attraverso nebulose scintillanti.

Nel corso della loro avventura, Stella e Luna Lumina fecero la conoscenza di Robot Stellaris, un compagno di viaggio dotato di abilità straordinarie. Con il suo aiuto, affrontarono sfide cosmiche, risolvendo enigmi galattici e scoprendo segreti nascosti nelle costellazioni.

In uno spazio pieno di colori e meraviglie, Stella Astralis fece una scoperta straordinaria: una cometa dimenticata che custodiva antichi segreti della galassia. Questa cometa diventò il punto culminante della sua avventura spaziale, portandole conoscenze che avrebbe portato con sé al ritorno sulla Terra.

Alla fine del suo viaggio, Stella Astralis tornò al suo piccolo paese con il cuore colmo di stelle e gli occhi pieni di meraviglia. Raccontò le sue avventure ai suoi amici e insegnò loro che, anche nelle regioni più remote dello spazio, la curiosità e il coraggio sono le chiavi per svelare il mistero dell'universo.

E così, la magica avventura di Stella Astralis divenne una leggenda nel suo paese, ispirando generazioni future a guardare oltre le stelle e a credere nei sogni che abitano nel profondo del cuore.

Con questa storia introduttiva, gli studenti possono immergersi nella magica avventura di Stella Astralis e sentirsi ispirati a creare le proprie storie spaziali con il Piccolo Astronauta. Buon viaggio tra le stelle!

Esercizio 14:

Il Supereroe delle Emozioni

Obiettivo:

Inventare un supereroe unico, dotato di poteri legati alle emozioni, e creare storie coinvolgenti attraverso la scrittura creativa.

Istruzioni:

Il Supereroe delle Emozioni

Ogni studente deve creare il proprio supereroe, il "Supereroe delle Emozioni". Descrivi il suo aspetto, il suo costume e i poteri speciali legati alle emozioni.

Esempio di Supereroe delle Emozioni:

Nome: Emoticon

Aspetto: Un eroe colorato con un costume vivace, con emoticon che cambiano a seconda delle emozioni.

Poteri: Capace di manipolare le emozioni degli altri, trasformando sentimenti negativi in positivi.

La Missione Emotiva

Crea una missione per il Supereroe delle Emozioni. Può essere un viaggio per aiutare qualcuno a gestire le proprie emozioni, oppure affrontare una minaccia che mina l'equilibrio emotivo della città.

Esempio di Missione Emotiva:

Emoticon si impegna a diffondere gioia e positività nella città, aiutando le persone a superare momenti difficili e a ritrovare l'equilibrio emotivo.

Antagonista Emotivo

Introduci un antagonista o una minaccia legata alle emozioni che il Supereroe deve affrontare. Può essere un nemico che cerca di diffondere tristezza o rabbia.

Esempio di Antagonista Emotivo:
Il Malinconico Maestro, un villain che cerca di oscurare la città con nuvole di tristezza.

Compagni Empatici

Introduci personaggi che collaborano con il Supereroe delle Emozioni. Possono essere compagni con poteri emotivi simili o alleati che portano comprensione e supporto.

Esempio di Compagni Empatici:
Risata Radiante: Un alleato capace di diffondere la gioia con il suo sorriso contagioso.

119

Abbraccio Affettuoso: Un compagno che offre consolazione e conforto in momenti difficili.

Sfide Emotive

Durante la missione, il Supereroe delle Emozioni affronta sfide legate alle emozioni. Descrivi come usa i suoi poteri per superare queste sfide e aiutare gli altri.

Esempio di Sfida Emotiva:

Emoticon deve affrontare il Malinconico Maestro, che ha sommerso la città in un'atmosfera di tristezza. Utilizza la sua positività per dissolvere le nuvole di malinconia e ristabilire la serenità emotiva.

Consigli per l'insegnante:

- Incoraggia gli studenti a esplorare la creatività

nella creazione del Supereroe delle Emozioni e degli ambienti della storia.

- Suggerisci di concentrarsi sui dettagli descrittivi per rendere coinvolgenti le situazioni emotive.

- Organizza una sessione di lettura in classe per permettere agli studenti di condividere le loro storie e discutere delle avventure emotive del supereroe.

- Esempio di Discussione

Durante la discussione in classe, incoraggia gli studenti a riflettere sulle emozioni affrontate dal loro Supereroe e su come queste riflettano le sfide emotive della vita reale. Questo esercizio offre l'opportunità di esplorare le emozioni in modo creativo e di trasmettere messaggi positivi attraverso storie coinvolgenti.

Buona avventura emotiva con il Supereroe delle Emozioni!

L'Avventura di Emoticon:
Il Supereroe delle Emozioni

In una città lontana, abbracciata da grattacieli scintillanti e circondata da colline verdi, viveva un bambino speciale chiamato Sam. Sam aveva il potere unico di capire e influenzare le emozioni degli altri. Un giorno, mentre giocava nel parco, una luce magica lo avvolse, trasformandolo nel leggendario "Emoticon," il Supereroe delle Emozioni.

Con un abito luminoso adornato di faccine sorridenti, Emoticon si impegnò a portare felicità e positività nella sua città. La sua missione era diffondere emozioni positive e aiutare chiunque avesse bisogno di conforto emotivo. La città, ora, aveva un protettore speciale, capace di illuminare anche il giorno più grigio con il suo sorriso contagioso.

Un giorno, una minaccia oscura si materializzò nella forma del "Malinconico Maestro". Questo villain malevolo cercava di gettare un'ombra di tristezza sulla città, rendendo ogni momento grigio e oppressivo. Emoticon si rese conto che doveva affrontare questa sfida per preservare l'equilibrio emotivo della sua comunità.

Con il suo fedele compagno, Risata Radiante, e il caloroso Abbraccio Affettuoso, Emoticon si lanciò in un'avventura emotiva per sconfiggere il Malinconico Maestro. Lungo il cammino, affrontò nuvole di tristezza, folate di rabbia, e oscurità emozionali. Ogni volta, Emoticon usava il suo potere unico per trasformare la negatività in energia positiva.

Il Malinconico Maestro tentò di intralciare Emoticon con ricordi malinconici e paure nascoste, ma il supereroe delle emozioni rimase saldo, usando il potere dell'empatia per trasformare le tenebre in bagliori di speranza. In un confronto finale, Emoticon sconfisse il Malinconico Maestro con un'esplosione di positività, disperdendo l'oscurità emotiva che aveva gettato sulla città.

Il giorno della vittoria fu celebrato con sorrisi radianti, abbracci affettuosi e una festa di emozioni luminose. Emoticon aveva dimostrato che anche nelle situazioni più difficili, la positività e la comprensione potevano vincere sulle tenebre emotive.

La città ringraziò il Supereroe delle Emozioni, riconoscendo che le sue azioni avevano ispirato una comunità più unita e consapevole delle proprie emozioni.

E così, Emoticon continuò la sua missione, diffondendo gioia e positività in ogni angolo della città e oltre, perché sapeva che, con un sorriso e un cuore empatico, poteva illuminare il mondo di emozioni luminose e speranza infinita.

Con questa storia introduttiva, gli studenti possono immergersi nell'entusiasmante mondo di Emoticon, il Supereroe delle Emozioni, e sentirsi ispirati a creare le proprie storie emozionali. Buona avventura emotiva con il Supereroe delle Emozioni!

Capitolo Finale
La Magia della Scrittura Creativa

E così, giungiamo alla fine di questo viaggio straordinario attraverso la scrittura creativa. In ogni pagina, abbiamo esplorato mondi fantastici, danzato con le parole e abbracciato l'incanto di storie uniche. Questo capitolo conclusivo è dedicato a riflettere sulla magia che la scrittura creativa ha portato nelle nostre vite.

La scrittura creativa è stata la chiave per aprire porte segrete dell'immaginazione. Abbiamo viaggiato attraverso le stelle, incontrato personaggi straordinari, e sperimentato emozioni che hanno reso ogni parola, ogni frase, un dipinto vivente della nostra creatività. Insieme, abbiamo tessuto un tapestry di storie

127

uniche e vissuto avventure che solo la mente può concepire.

Ogni esercizio è stato un invito a esplorare nuovi orizzonti, a rompere le catene della consuetudine e a abbracciare l'inaspettato. Abbiamo scritto storie a catena, creato personaggi strani, immaginato cartoline dal futuro, aperto scatole di misteri, inventato invenzioni fantastiche, e persino esplorato luoghi fantastici. In ogni parola, siamo stati architetti del nostro universo immaginario.

Attraverso le pagine di questo libro, abbiamo appreso che la scrittura creativa non è solo un mezzo di espressione, ma una porta per comprendere noi stessi e il mondo che ci circonda. Ci ha insegnato a dare voce ai nostri sogni, a esplorare il potere delle parole e a scoprire il piacere nell'atto di creare.

La diversità delle storie qui scritte riflette la ricchezza della nostra comunità di scrittori. Ognuno di voi ha contribuito a questo mosaico di creatività, donando la propria voce e imprimendo il proprio stile. Siamo testimoni della forza collettiva della scrittura creativa, che ha il potere di connettere menti e cuori attraverso la magia delle parole.

In chiusura, non dimentichiamoci mai della bellezza di scrivere. Che sia un passatempo, una forma di terapia o una passione profonda, la scrittura creativa è un regalo che possiamo donare a noi stessi e agli altri. La magia delle parole vive in ogni virgola, in ogni punto, in ogni racconto condiviso.

Concludiamo questo libro con gratitudine per le vostre parole, la vostra immaginazione e la vostra dedizione alla scrittura creativa. Che il fuoco della creatività continui a bruciare dentro di voi, ispirandovi a nuove avventure attraverso la scrittura.

E così, chiudiamo questo capitolo, ma sappiamo che la storia della scrittura creativa continua, nelle nostre menti e nelle pagine ancora da scrivere. Grazie per essere stati parte di questa straordinaria avventura.

FINE

Conosciamo l'autore... GIORGIO LA MARCA

(tratto da una sua intervista)

Mi chiamo Giorgio come il Cavaliere (n.d.r. San Giorgio) che combatte contro il drago per salvare la principessa. Mi chiamo Giorgio e rido. Rido da sempre. Non cerco un motivo per farlo, la vita da sola mi offre moltissimi spunti. Se mi faccio male rido... e le persone intorno a me impazziscono cercando capire se sia uno dei miei soliti scherzi; se mi arrabbio rido esibendo il mio migliore sorriso, non do mai soddisfazione a chi tenta di rovinarmi l'umore; quando lavoro sorrido e faccio sorridere... perché è il mio modo per dire che mi piace quello che faccio. Sarà che ho da sempre lavorato con i bambini e il viso e l'espressione sono fondamentali. Ho cominciato come animatore per diventare poi autore teatrale e televisivo, giornalista e infine scrittore. Scrivo di notte, quando tutta la mia casa rimane in silenzio (è alquanto felicemente affollata). Scrivo per mettere la tristezza tra parentesi e immaginare come le cose, al di là delle evidenti difficoltà della vita, dovrebbero andare. Scrivo per rimettere a posto le cose. So che le parole non sempre sortiscono l'effetto che vorremmo, ma sono un sognatore. Il primo libro che ho scritto per l'infanzia era una raccolta di piccole storie sui diritti dei bambini. Con la fantasia che mi ha sempre accompagnato e con il garbo di un educatore, quale io sono, da allora ho cercato di gridare a modo mio, con la scrittura, quello che non dovrebbe essere ribadito e raccontato, l'ovvio, il diritto alla felicità delle nuove generazioni.

131

ALTRI LIBRI DI GIORGIO LA MARCA:

- ESERCIZI DI SCRITTURA CREATIVA
- IN ALTO COME GLI AQUILONI
- LE STORIE DEL MAESTRO TEO
- IL CAVALIERE DEL RE
- IN ALTO COME GLI AQUILONI
- GLI SPOSI PROMESSI
- VOCI DAL CAMPANILE
- IL SORRISO DI GIOCONDA
- LE LEZIONI DEL MAESTRO TEO: FANTASIOPOLI LA CITTA' DEI BAMBINI
- LE LEZIONI DEL MAESTRO TEO: LA FEDE SPIEGATA AI BAMBINI
- LE LEZIONI DEL MAESTRO TEO: LA MORTE SPIEGATA AI BAMBINI
- LE LEZIONI DEL MAESTRO TEO: I SOGNI SPIEGATI AI BAMBINI
- LE LEZIONI DEL MAESTRO TEO: DIVERSITA' SPIEGATA AI BAMBINI
- LE LEZIONI DEL MAESTRO TEO: DIRITTO AL NOME SPIEGATO AI BAMBINI
- LE LEZIONI DEL MAESTRO TEO: IL NATALE SPIEGATO AI BAMBINI
- IL MIO AMICO BABBO NATALE
- ...E SE FOSSE TUTTO UN SOGNO?
- COPIONE TEATRALE: ...E SE FOSSE TUTTO UN SOGNO?
- COPIONE TEATRALE: IL CASTELLO DELLE EMOZIONI
- COPIONE TEATRALE: C'ERA UNA VOLTA...
- COPIONE TEATRALE: LA MAGIA DEL NATALE
- COPIONE TEATRALE: LE AVVENTURE DI FLIP E FLOP